LA LÉGITIMITÉ EN ESPAGNE

PAR

HENRI DE LAZEU,

ANCIEN SECRÉTAIRE

DU

PRINCE DON JUAN DE BOURBON.

BERNE.

IMPRIMERIE DE C. J. WYSS.

1870.

Aujourd'hui que le petit-fils de Don Carlos de Bourbon relève l'étendard de ses droits à la couronne, je crois opportun de dire un mot sur la question de la légitimité au trône espagnol, question si mal comprise d'un grand nombre de personnes croyant de bonne foi la connaître.

La part importante que j'ai prise aux événements qui ont eu lieu à l'époque qui commence à la renonciation des prétentions de Don Carlos, Comte de Montemolin, et finit avec la cession des droits à la couronne par Don Juan en faveur de son fils (Octobre 1868), m'imposent le devoir d'exposer quelques faits qui feront mieux apprécier la position du jeune Don Carlos et la vérité historique, légale et incontestable des droits au Trône des Rois catholiques.

A la mort de Ferdinand VII, les Espagnols se trouvaient divisés sur la grave question de la légitimité à la couronne : les partisans de Don Carlos défendaient **el Auto acordado** de Philippe V, tandis que les partisans de la Reine au berceau, tenaient pour annulé le mode de succession à la couronne, établi par le premier Bourbon.

Il importe de mettre en lumière le phénomène que les partis politiques présentaient en Espagne : tandis que les libéraux soutenaient le système traditionnel et historique établi en faveur du fils ou du plus proche parent, homme ou femme, c'est-à-dire, donnant la préférence au plus proche parent et non au sexe d'hériter la couronne, les hommes qui se disaient traditionnallistes et purs royalistes, soutenaient l'existence des innovations introduites par le premier Bourbon et peu à peu arrivèrent à juger la question de légitimité d'après les principes établis en France, méconnaissant l'immense différence qu'il y a toujours eu dans le système suivi en France avec celui suivi en Espagne.

En France, pendant onze siècles, la même famille a régné : elle commence en 752 par Pepin-le-Gros, premier Roi de la 2de race (après la déposition de Childéric III) ; elle continue jusqu'à Louis V qui termina la race carlovingienne ; à sa mort, fut élu Roi de France par les Etats réunis à Noyon en 987, Hugue Capet, Comte de Paris, comme descendant de Pepin-le-Gros.

A Hugue Capet, premier Roi de la 3me race, succédèrent ses descendants en droite ligne jusqu'à Jean Ier, Roi de France et de Navarre. A Jean succéda Philippe VI, comme descendant de Philippe-le-Hardi ; lorsque cette ligne, surnommée de Valois, fut éteinte dans la personne de Charles VIII, régna Louis XII, Duc d'Orléans, à qui succéda son neveu, François Ier ; terminée, sa descendance en François II, Henri IV fut proclamé Roi, comme étant le plus proche parent de Saint-Louis. Nous trouvons donc en France un mode traditionnel et historique d'hériter de la couronne.

Examinons maintenant le système suivi en Espagne, et personne, avec bonne foi, pourra trouver la moindre parité.

Nous ne nous occuperons pas de la manière de succéder à la couronne dans les petits Etats dont se composait la Péninsule, mais dans presque tous les femmes furent appelées au Trône. Examinons seulement le système suivi dans l'Espagne unie, c'est-à-dire dans la grande Monarchie formée par le mariage des Rois catholiques, Isabelle de Castille avec Ferdinand d'Aragon; leur fille Jeanne fut le trait de l'union définitif entre les deux couronnes, et, par son mariage avec Philippe d'Autriche, elle établit la Dynastie autrichienne qui se termina en Charles II.

A la mort de ce Prince, plusieurs prétendants surgirent, mais les principaux étaient l'Archiduc Charles d'Autriche, le Duc d'Anjou et le Duc de Savoie. Les deux premiers représentaient les droits des deux sœurs de Charles II, filles de Philippe IV, desquelles ils descendaient, et le Duc de Savoie faisait valoir ceux qu'il tenait de son ancêtre, l'Infante Catherine, fille de Philippe II.

Aucun de ces trois prétendants invoquait d'autres droits que ceux qu'ils tenaient des Princesses qu'ils représentaient.

Philippe V s'assit sur le trône d'Espagne comme étant le légitime héritier des droits d'une Princesse espagnole.

Il n'entre pas dans le cadre de cette brochure d'examiner les raisons que le Duc d'Anjou, devenu

Roi d'Espagne par le droit des femmes, put eu avoir pour altérer la manière de succéder à la couronne. Nous nous bornons à citer simplement les faits historiques.

En 1713, Philippe V donna une loi connue sous le nom de **Auto acordado,** qui établissait que pour la succession à la couronne les hommes seraient toujours préférés aux femmes ; le degré de parenté cédait au sexe, sans cependant exclure les femmes à défaut d'hommes.

Il est incontestable que si Philippe V avait eu le droit d'apporter une modification dans le système de succession, son petit-fils Charles IV put également rétablir l'ancien droit consuétudinaire de l'Espagne, et il faut observer que pour ces modifications Charles IV, de même que Philippe V, avaient demandé le concours des Cortès convoquées *ad hoc.*

L'innovation de Philippe V n'était puisée dans aucun principe ; elle détruisait le droit qui donnait la préférence au plus proche parent, homme ou femme, ce même droit qui lui avait donné la couronne sans cependant introduire la loi salique, puisque les femmes restaient aptes à succéder à défaut d'hommes.

Charles IV, en rétablissant l'ancien usage espagnol qui se trouve érigé en loi dans le Code d'Alphonse-le-Sage, titre XV, *partida* II, obéissait à des considérations de la plus haute politique ; au sentiment national qui, dès 1713, avait témoigné son déplaisir pour une loi qui semblait une importation française, car le vulgaire, en Espagne comme à l'étranger, a toujours confondu **el Auto acordado** avec la loi salique, malgré l'immense différence qui existe entre les deux ; il était logique en payant un tribut de respect à une loi, sans laquelle sa dynastie n'aurait pas régné en Espagne ; enfin, cédant encore à un sentiment national, il rétablissait la loi traditionnelle pour éviter la possibilité que la couronne passât sur la tête d'un Prince étranger.

Charles IV était déjà Espagnol de pure race ; il en avait les défauts, mais il en avait aussi les qualités, il connaissait et savait se soumettre aux exigences nationales.

A la mort de Ferdinand VII, les partisans de Don Carlos en appelèrent aux armes, et il sembla, que de fait, ils portèrent la question sur le terrain brutal de la force. Libéraux et Royalistes, pour amener la conviction, n'employèrent que le sifflet des balles et le ronflement du canon.

En peu de temps, Don Carlos réunit une nombreuse armée, il l'organisa et la disciplina avec une grande rapidité, ayant été secondé par des hommes tels que Zumalacaregui dans les provinces du Nord et Cabrera en Aragon, généraux qui déployèrent autant de courage devant l'ennemi que de talent pour l'organisation et l'administration de leurs corps respectifs d'armée. Les contemporains de tous les partis leur ont déjà rendu justice, et l'histoire exempte de passions rendra un culte à ces deux grandes gloires militaires des temps modernes.

Une série d'erreurs non interrompues de la part de Don Carlos aboutit à la triste journée de Vergara, qui assura le triomphe définitif à la cause de la Reine, et, à ses droits légaux et traditionnels, joignit désormais ceux de la force.

Il restait encore à Don Carlos l'espoir dans les hommes qui lui étaient restés fidèles et les sympathies que, en haine des idées libérales, inspirait sa cause à presque tous les souverains de l'Europe, car, à l'exception des Gouvernements de France, d'Angleterre et du Portugal, aucun autre Etat avait reconnu la légitimité de la Reine.

Epuisé par la maladie, par l'âge et les malheurs, l'infortuné Don Carlos renonça en faveur de son fils à ses prétentions à la couronne, et celui-ci, en 1849, essaya de nouveau les chances de la guerre, non comme l'avait fait son père en payant bravement de sa personne, mais en confiant tout au courage du général Cabrera, pendant que lui s'égarait en Angleterre dans des aventures amoureuses du genre comique. Pour s'y adonner entièrement, il abandonna Cabrera à son sort et fit une grotesque abdication en faveur de son frère Don Juan, qui ne l'accepta pas.

La campagne de 1849 se termina par la retraite du général Cabrera, c'est-à-dire par un nouveau triomphe qui vint sanctionner les droits de la Reine.

A cette époque, les idées en Europe s'étaient modifiées et tous les Souverains avaient reconnu la légitimité de la Reine.

Don Carlos, Comte de Montemolin, revenu de ses folles amours, soutenait encore ses prétentions, bien que les rangs de ses partisans fussent singulièrement éclaircis ; il ne lui restait que bien peu de ceux qui avaient fidèlement suivi les drapeaux de son père.

Un général, comblé des faveurs de la Reine et commandant en son nom aux Iles Baleares, vint raviver les espérances de Don Carlos et l'on se prépara à l'expédition qui se termina à San Carlos de la Rapita.

Mis en déroute sans combattre et fait prisonnier de la Reine, Don Carlos renonça à ses prétentions à la couronne et fut envoyé en France par la générosité de la Reine.

Son frère Don Juan accepta les prétentions de son frère pour tenter un nouvel effort pour les faire valoir, essayant une nouvelle marche politique d'accord avec ses propres idées.

Don Carlos, Comte de Montemolin, après avoir renoncé à ses prétentions, malgré l'acceptation de son frère, par devant lui-même, rétracta sa renonciation, cédant aux exigences des énergumènes de son parti. Cette démarche, qui le couvrait de ridicule, lui valut des remontrances plus ou moins sévères de son oncle Don Miguel de Portugal, du Comte de Chambord et de presque toute la famille impériale d'Autriche et de tous les hommes d'honneur, princes ou particuliers, qui s'intéressaient à lui.

Don Juan ne s'occupa point de la contre-renonciation de son frère, mais, convaincu que les prétentions de sa famille n'étaient point sérieusement fondées ni ne pouvaient avoir d'autre résultat que de causer quelques jours de malheur de plus à l'Espagne, il abandonna son attitude hostile et fit sa soumission à la Reine dans un document qui n'est pas assez connu de ceux qui se croient légitimistes et qui, traduit littéralement, disait :

« Madame,

« Lorsque les tristes évènements de San Carlos de la Rípata amenèrent la renonciation de mes frères, ma première intention fut de reconnaître V. M. (*) et faire disparaître ainsi les souvenirs de dissentions de la guerre civile.

« J'attendais que Charles et Ferdinand la ratifieraient en pleine liberté. Au mois de Mai de 1860, j'eus avec Charles une entrevue qui me décida à faire le premier pas de ma vie politique le 2 Juin, acceptant la position qui m'était créée par la renonciation de mon frère aîné : lorsque j'ai fait ce pas, Madame, je n'agissais ni par ambition personnelle ni par rancune ; il ne m'était inspiré que par la pensée d'enlever son drapeau à un parti intolérant pour qui le temps ne marche pas et qui ne connaît d'autres principes que ses propres vues, incompatibles avec les institutions nationales. Sa propre conduite l'a prouvé ; les droits qu'il reconnaissait en mon père et en mon frère il les a méconnus en moi parce que je n'ai pas les mêmes idées. La contre-renonciation de mes frères prouvait combien ma conduite fut sage ; ma soumission à cette époque aurait été stérile.

« Depuis lors, Madame, une pensée m'a guidé

____

(*) Et même des démarches furent faites auprès de Mr. Isturiz, ministre de la Reine, à Londres.

dans tous mes actes politiques : le bien du pays et l'affermissement des institutions libérales. Je pourrais avoir agi plus ou moins bien, mais je puis assurer à V. M. que mes intentions n'ont pu être ni plus droites, ni plus patriotiques. Pendant les deux années de ma vie politique, je n'ai jamais songé à troubler la tranquillité du pays. Je veux éviter que mon nom puisse être un jour la cause de bouleversements sanglants.

« Eloigné de mes fils par la force, ils sont élevés, contre ma volonté, dans un ordre d'idées qui n'est pas le mien ; ils arriveront à un âge où il est difficile de changer les effets d'une première éducation et deviendront l'espoir d'un parti qui ne doit pas avoir en Espagne existence légale. Tous les efforts que j'ai faits auprès de leur mère et près l'Empereur d'Autriche pour reprendre mes fils ont été inutiles : les droits paternels ont été méconnus. Mon désir est de pouvoir élever mes fils comme l'intérêt du pays l'exige ; il est donc de mon devoir de briguer l'appui de V. M. pour les obtenir.

« Je proteste de nouveau, Madame, que je n'ai été guidé dans ma vie politique que par le bien du pays, et comme témoignage incontestable de ma bonne foi, je fais, Madame, ma soumission à V. M., renonçant de la manière la plus solennelle, en mon nom et au nom de toute ma descendance, à tous les droits que peut me donner l'interprétation quelconque d'anciennes lois. Je reconnais V. M. pour ma Reine et je jure fidélité à V. M. et à la Constitution.

« Priant V. M. qu'elle daigne accepter avec bienveillance ma soumission, croyez-moi, Madame, de V. M. son affectueux cousin et humble sujet.

« Q. S. P. B.

« JUAN DE BOURBON.

« Londres, 26 de Juillet 1862 (*). »

(*) Pour plus de précision, on peut voir l'original espagnol :

« Señora :

« Cuando los tristes acontecimientos de San Cárlos de la Rápita, produjeron la renuncia de mis hermanos, mi primera intencion fué reconocer á V. M., y desvanecer asi los recuerdos de pasadas disensiones de la guerra civil.

« Aguardaba que Cárlos y Fernando la ratificaran en plena libertad. En mayo de 1860 tuve con Cárlos una entrevista, la que me decidió á dar el primer paso de mi vida política el 2 de junio, aceptando la posicion que me creaba la renuncia de mi hermano mayor ; al dar este paso, señora, no obraba ni por ambicion personal ni por encono ; no me guiaba mas que un pensamiento, el de quitar la bandera á un partido intolerante para quien ni el tiempo corre, ni conoce otros principios que sus propias miras, que son incompatibles con las instituciones nacionales. Su misma conducta lo ha probado : los derechos que reconocia en mi padre y en mi hermano los ha desconocido en mi, porque no comparto con ellos las mismas ideas. La contrarenuncia de mis hermanos prueba

Restait à jamais résolue la question des droits à
la couronne. La tradition et le droit l'avaient placée
sur la tête d'Isabelle II ; les victoires sur le terrain
de la force et tous les Souverains et Gouvernements
du monde civilisé avaient reconnu et confirmé les
droits de la Reine. Le même Don Juan, seul repré-
sentant des droits de son père, s'était soumis à la
légitimité de son auguste Cousine, en son nom et en
celui de sa descendance. Il avait reconnu explicitement qu'il n'avait aucun droit, car il ne dit point
dans l'acte de soumission renoncer *à ses droits*, mais
renonce purement et simplement à l'interprétation
favorable sur la validité de l'**Auto acordado ;** c'était

lo acertado de mi resolucion : mi sumision en aquella
época hubiera sido estéril.

« Desde entonces, señora, no me ha guiado mas que
un pensamiento en todos mis actos politicos : el bien del
país y el afianzamiento de las instituciones liberales. Podré
haber obrado con mas ó menos acierto, pero puedo ase-
gurar á V. M. que mis intenciones no han podido ser
mas rectas ni mas patrióticas. En los dos años que llevo
de vida política, no he pensado jamás en alterar la tran-
quilidad del pais. Quiero evitar que mi nombre pueda ser
un dia causa de trastornos y derramamiento de sangre.

« Alejado de mis hijos por la fuerza, se educan contra
mi voluntad en un órden de ideas que no es el mio :
llegarán á una edad en que es difícil cambiar los efectos
de una primera educacion, y fácilmente podrán dar nue-
vas esperanzas á un partido que no debe tener existencia
legal en España. Cuantos esfuerzos he hecho cerca de mi
esposa y cerca del emperador de Austria para recuperar
mis hijos, han sido inútiles ; los derechos paternales han
sido desconocidos. Mi anhelo es poder educar á mis hijos
como el interés del pais exige ; es, pues, deber mio im-
petrar el apoyo de V. M. para obtenerlos.

« Protesto de nuevo, señora, que no me ha guiado en

la seule formule que ce digne Prince trouvait pour ne pas reconnaître qu'il n'avait aucun droit et porter ainsi contre son infortuné père la censure d'avoir soutenu une guerre civile qui avait désolé le pays pour soutenir, sinon une ambition démesurée de régner, du moins des droits chimériques et de pure fantaisie.

Pour mieux apprécier les incidents ultérieurs, il faut voir la position dans laquelle restait Don Juan de Bourbon après avoir fait sa soumission à la Reine.

En 1834, *las Cortès* ayant exclu Don Carlos et sa descendance des droits à la couronne, comme chef de la branche cadette; Don Juan renonçant à l'interprétation favorable de l'**Auto acordado** de Philippe V, annulé par Charles, par Ferdinand VII et par les Constitutions de 1812, 1837 et 1845, il est parfaitement clair qu'il restait sans aucun droit éventuel à la couronne en attendant que la Reine le grâciat de la sentence d'exclusion prononcée par *las Cortès*.

Le 25 Septembre 1865, la Reine reçut pour la

mi vida política mas que el bien del país, y como reconociendo á V. M. doy una prueba incontestable de mi buena fé, presto, señora, mi sumision á V. M. renunciando de la manera mas solemne, en mi nombre y en el de toda mi descendencia, á cuantos derechos pueda darme cualquiera interpretacion de antiguas leyes. Reconozco á V. M. por mi Reina, y juro fidelidad y obediencia á V. M. y á la Constitucion.

« Rogando á V. M. se digne aceptar con benevolencia mi sumision, créame, señora, de V. M. su afecto primo y súbdito sumiso Q. S. P. B.

« JUAN DE BORBON.

« Londres, 26 de julio 1862. »

première fois son cousin Don Juan au palais de la Granja; S. M. le reçut avec bienveillance et lui dit qu'il pouvait se considérer grâcié et réintégré dans son caractère d'Infant d'Espagne, qu'il lui fallait seulement obtenir la sanction du Ministère, car la Reine ne s'est jamais écartée des préceptes constitutionnels.

Don Juan partit de la Granja et quitta l'Espagne sans que la soumission et le fait d'avoir été grâcié fût autre chose qu'un fait de famille au lieu d'un évènement public et politique; mais il est indubitable que la Reine usait du droit de grâce qui n'était soumis à aucun contrôle, de manière que, légalement, Don Juan reprenait ses droits éventuels à la couronne après la descendance de Ferdinand VII.

Lors des évènements de Septembre, Don Juan, adhérant aux prières de sa famille et ne désirant en rien ni pour rien se mêler à la politique militante, renonça, en faveur de son fils, à tous *ses droits à la couronne d'Espagne*.

L'Infant Don Juan a toujours démontré avoir des idées droites, un esprit élevé et la parfaite connaissance des obligations que le devoir impose ; en renonçant à ses droits à la couronne, il n'entendit renoncer qu'aux droits qu'il avait, ceux qu'il devait à la grâce de la Reine ; il renonçait, en faveur de son fils, à la représentation de chef de la branche cadette, il n'abdiquait pas la couronne. Il ne put jamais renoncer à des droits qu'il n'avait pas et qu'explicitement il avait reconnu ne jamais avoir eus.

Don Carlos ne représente donc aucun droit, c'est un prétendant de pure fantaisie, qui a son pendant en Espagne dans Paul Ier, honnête bourgeois qui a eu le caprice de s'offrir comme candidat au trône, avec la différence que Paul Ier est un plaisant qui demande des votes, et Charles VII prend au sérieux sa couronne et il se croit bien et bonnement Roi *de jure et de facto!!!*

Les partisans de D. Carlos doivent se diviser en deux catégories : ceux qui veulent à outrance marcher en arrière, n'importe comment, ceux-là se disent partisans de Charles VII, parce qu'il convient à leurs fins ; à défaut de droits ils lui donnent leurs voix, ce sont les principes démocratiques appliqués au despotisme de ces Messieurs caché avec le nom d'absolutisme d'un Roi ; ce sont ceux-là qui forcèrent le Comte de Montemolin à sa contre-renonciation, ceux-là dont parle Don Juan dans sa soumission à la Reine, avec lesquels toute discussion est inutile.

Et la partie plus considérable et vraiment importante des adhérents ou des personnes qui témoignent des sympathies pour D. Carlos, par respect et amour pour la Monarchie, et c'est à ceux-là que je m'adresse pour leur faire voir qu'ils font fausse route.

L'aide matériel ou moral qu'ils accordent à Don Carlos ne fait que diminuer les rangs des vrais partisans de la Monarchie légitime ; ils aident au contraire les ennemis de l'institution du Trône.

Quiconque lira ces courtes pages, exemptes de passion politique, reconnaîtra que la légitime et incontestable héritière des Rois catholiques et de Philippe V est la Reine Isabelle II.